Marie-Hélène Laugier
Vivilablonde

Cahier pratique pour...

LÂCHER PRISE

EDITIONS ESI

Préface

« Arrête de te prendre la tête, oublie et passe à autre chose ! » Facile à dire, alors que, justement, nous avons l'impression que tout nous échappe : les autres, nous-mêmes, notre vie… Pourtant, derrière ce conseil avisé se cache un « art », qui mène au bien-être et à la sérénité : le lâcher-prise ! Mais qu'est-ce que ça signifie exactement ? En quoi cela consiste et comment y parvenir au quotidien ?

Entre notre mode de vie trépidant, qui nous pousse à aller plus loin, plus vite et à posséder toujours davantage, nos peurs, nos doutes et nos « vieux démons », lâcher prise n'est pas toujours facile. Pour cela, il nous faut avant tout apprendre à nous débarrasser de nos croyances, celles qui nous enferment dans des comportements inadéquats, de nos souvenirs, ceux qui nous enchaînent à une époque révolue, ou encore de sentiments négatifs, comme la colère, l'amertume ou la rancœur, qui nous empêchent de pardonner et de passer à autre chose.

Car lâcher prise, c'est laisser s'en aller ce qui n'a plus lieu d'être, cesser de nous battre et de résister, parfois envers et contre tout, renoncer à vouloir tout contrôler et accepter ce que nous ne pouvons pas changer. C'est une étape indispensable pour nous libérer, nous ouvrir au monde, accueillir l'autre, changer et vivre enfin pleinement la vie qui nous ressemble.

Avant...

La nouvelle est tombée comme un coup de massue ! Cela faisait dix ans qu'Andréa travaillait pour cette société. Après plusieurs missions en intérim, elle avait été embauchée en tant que secrétaire commerciale trilingue. Elle avait certes beaucoup de kilomètres à faire pour se rendre à son travail, mais elle s'épanouissait pleinement à son poste et bénéficiait, en plus, de nombreux avantages liés aux grands groupes : CE, participation, primes…

Mais la crise a frappé ! Baisse de production, rachat… et délocalisation. Pour Andréa, son mari et leur petite fille de 3 ans, il était hors de question de quitter la maison qu'ils venaient d'acheter, une charmante demeure en lisière de forêt, à côté d'une jolie bourgade. Elle a donc refusé, non sans amertume, de suivre son entreprise…

Tantôt en colère, tantôt abattue, Andréa prend les choses en main. *« Qu'à cela ne tienne ! J'ai des compétences, je retrouverai les mêmes conditions ! »* Exigeante, comparant tâches, responsabilités et avantages, elle enchaîne les entretiens. Rien ne semble lui convenir jusqu'à ce qu'elle trouve un poste similaire, mais encore plus éloigné de chez elle. *« Ça va être difficile à gérer, mais ça correspond à peu près à ce que j'avais… »* Levée aux aurores, de retour tard dans la soirée, épuisée physiquement et moralement par ses trajets, au cours desquels elle ressasse ce qui lui est arrivé, Andréa a de moins en moins de temps pour sa famille et sa joie de vivre l'abandonne peu à peu. *« J'ai vraiment tout perdu ! »*

Alors, cet entretien ?
Pfff... Je ne retrouverai jamais ce que j'ai perdu...

Chapitre 1

Qu'est-ce que lâcher prise ?

Si on l'entend de plus en plus souvent, qu'il nous est fréquemment conseillé, voire recommandé, le terme de « lâcher-prise », en tant que tel, n'existe pourtant pas dans les dictionnaires ! Alors, qu'est-ce que cela signifie exactement ?

Un concept qui accroche !

Qu'il soit en gros titre sur les magazines, appliqué dans les domaines de la psychologie, du bien-être ou de la santé, et de plus en plus utilisé dans nos conversations, le terme de « lâcher-prise » a résolument fait son entrée dans notre vie quotidienne… sans pour autant posséder sa propre définition !

Évident pour certains, plus flou pour d'autres, il est parfois considéré comme un petit mot « magique », qui, d'un coup d'un seul, peut tout régler ! En fait, le lâcher-prise est un concept qui prend son sens au travers des deux termes qui le composent, « lâcher » et « prise », et de son contraire, « le contrôle ».

Définitions

Lâcher : verbe.
1. Rendre moins serré, moins tendu. Par extension : laisser libre cours.
Syn. : détendre, relâcher.
2. Cesser de tenir, de retenir. Se défaire, laisser échapper.
Syn. : laisser, abandonner, libérer (*Le Petit Robert*).

Prise : nom féminin.
1. Action de saisir, de s'emparer de quelque chose.
Syn. : saisie, capture, emprise.
2. Endroit, moyen par lequel une chose peut être tenue.
Syn. : point d'appui.
3. Être aux prises : se battre, lutter (*Le Petit Robert*).

« Arrêtez le mal avant qu'il n'existe ; calmez le désordre avant qu'il n'éclate. »

Lao-Tseu

Lâcher prise, d'accord, mais lâcher quoi ?

Lâcher prise, c'est se débarrasser de tous ces liens qui nous enchaînent, notre passé, nos croyances, certaines personnes, et renoncer à vouloir contrôler ce qui ne dépend pas de nous, ce sur quoi nous n'avons justement pas « prise », comme ces petits contretemps du quotidien (une avarie dans le métro, les caprices de la météo, la mauvaise foi évidente d'un commerçant...). Mais, selon notre histoire, ce que nous vivons, notre attitude face à la vie, notre personnalité, le lâcher-prise peut prendre plusieurs formes.

• Différentes significations

Lâcher prise peut signifier « cesser de retenir », c'est-à-dire laisser s'en aller ce qui n'a plus lieu d'être, faire le deuil de ce qui est révolu. Cela peut aussi vouloir dire « accepter », c'est-à-dire renoncer à contrôler ce que nous ne pouvons pas changer, que ce soit les événements ou les autres. Lâcher prise signifie également « pardonner », c'est-à-dire en finir avec la colère, l'amertume, la culpabilité ou le regret.

• Différents aspects

Le lâcher-prise peut concerner différents domaines de notre vie, comme les rapports que nous avons avec certaines personnes, les caps par lesquels nous passons, les situations douloureuses que nous traversons. Il peut aussi s'attacher à certains aspects de notre personnalité, comme notre façon de penser, de nous comporter ou notre manière d'appréhender le quotidien.

Le coin du psy

« Donnez-moi votre propre définition du lâcher-prise. »

Chapitre II

Les bienfaits du lâcher-prise

Au-delà des bienfaits immédiats, comme le bien-être, un sentiment de calme ou un regain d'énergie, lâcher prise permet de se sentir plus libre, de s'ouvrir au monde, d'aller vers le changement et d'être plus heureux.

« Le plus haut degré de la sagesse humaine est de savoir plier son caractère aux circonstances et se faire un intérieur calme, en dépit des orages extérieurs. »

Daniel Defoe

Qu'est-ce que nous apporte le lâcher-prise ?

Le lâcher-prise offre de multiples bienfaits. En cessant de lutter contre les événements, de chercher à contrôler notre existence ou celle des autres, en acceptant la réalité telle qu'elle est, nous allons vers davantage de bien-être, de calme et de sérénité au quotidien.

En lâchant prise sur ce qui nous emprisonne, qu'il s'agisse du passé, d'un événement douloureux, de sentiments ou de comportements négatifs, nous nous libérons et pouvons alors nous ouvrir au monde, consacrer notre énergie à ce qui est essentiel et changer ce qui ne nous convient plus.

Lâcher prise ne signifie pas...

- **Être égoïste** : lâcher prise, ce n'est pas devenir indifférent ou ne plus se soucier de l'autre, mais plutôt l'accepter sans jugement ni chercher à le contrôler.

- **Renoncer** : lâcher prise, ce n'est pas mettre de côté ses envies, ses objectifs ou sa personnalité, mais plutôt abandonner ce qui nous retient afin d'aller vers ce qui est important.

- **Faire preuve d'inertie** : lâcher prise, ce n'est pas non plus accepter sans réagir et subir les événements, mais plutôt concentrer positivement son énergie afin d'avancer !

Lâcher prise, c'est se libérer

Lâcher prise permet de se sentir plus libre, de reprendre les rênes de sa vie, de devenir « maître » de ses choix, de ses décisions. En nous débarrassant de nos croyances limitantes, de nos comportements inadéquats ou de nos sentiments négatifs, nous nous allégeons de tout ce qui encombre notre esprit et notre façon d'être.

Nous pouvons « panser nos plaies » afin de guérir de nos blessures et ne plus laisser la souffrance dicter nos actes et nos pensées. Se libérer, c'est couper les liens qui nous enchaînent au passé ou nous retiennent dans une existence qui n'est plus la nôtre. C'est également ne plus se sentir coupable ou redevable et envisager l'avenir avec plus de sérénité.

« Bonne est l'action qui n'amène aucun regret et dont le fruit est accueilli avec joie et sérénité. »

Bouddha

Lâcher prise, c'est s'ouvrir au monde et à l'autre

Lâcher prise sur les événements extérieurs, c'est-à-dire ne plus chercher à les contrôler ou à changer ce que nous ne pouvons pas modifier, ce qui ne dépend pas de nous, nous permet de nous ouvrir davantage au monde qui nous entoure ainsi qu'aux autres. Comme l'illustre La Fontaine dans *Le Chêne et le roseau*, *« nous plions mais ne rompons pas »* ! En acceptant la réalité telle qu'elle se présente, nous sommes à même de faire preuve de davantage de souplesse, de réactivité. Nous pouvons ainsi accueillir l'imprévu avec calme et confiance et saisir ce qui se présente à nous.

La voie de la sagesse

Le lâcher-prise s'apparente à une certaine forme de sagesse, car il est assez proche de « l'art du zen » que cultivent les philosophies orientales : une attitude positive, ouverte sur le monde et sur l'autre, une attention portée sur l'instant présent, l'ici et maintenant, une certaine tolérance, l'acceptation de ce qui est, une profonde sérénité ainsi qu'un sentiment de paix intérieure.

Lâcher prise, c'est aller vers le changement

Tout, dans l'univers, y compris nous-mêmes, est en perpétuel mouvement. Changer, c'est simplement passer d'un état à un autre, se transformer, en laissant s'en aller ce qui n'est plus pour accueillir ce qui arrive.
Le changement passe donc irrémédiablement par le lâcher-prise, qui implique également de partir à la découverte de soi-même : s'écouter davantage et se faire confiance, afin de savoir ce que l'on veut, prendre conscience de ses limites et de ses capacités, afin de se donner les moyens de changer, et oser aller vers la nouveauté.

« Commencez par changer en vous ce que vous voulez changer autour de vous. »

Gandhi

Retourner à l'essentiel

Lâcher prise, c'est aussi se tourner vers ce qui est essentiel, ce qui est important, pour nous ou pour notre entourage, et ne plus laisser le superflu et l'inutile envahir notre existence. Se désencombrer l'esprit de vieux souvenirs, surtout s'ils sont douloureux, jeter ce qui est abîmé, cassé, désuet, encombrant ou tout ce qui nous emprisonne.

Le coin du psy

« Dans quels domaines particuliers de votre vie lâcher prise vous semblerait nécessaire ? »

« Qu'est-ce que cela pourrait vous apporter ? »

Être plus heureux

Le lâcher-prise, enfin, conduit également au bonheur. En nous « abandonnant », en cessant de résister, en acceptant les choses telles qu'elles se présentent, nous pouvons prendre la vie avec plus de sérénité. Plus détendus, moins stressés, moins angoissés, l'énergie que nous consacrions à « entretenir » des souvenirs douloureux, des attitudes révolues ou des sentiments négatifs, peut servir à d'autres fins… comme celle de nous réaliser pleinement. Nous pouvons alors exprimer nos envies, nos passions, notre personnalité, nous prenons à nouveau du plaisir et trouvons davantage de satisfaction.

« Ce que nous appelons bonheur consiste dans l'harmonie et la sérénité, dans la conscience d'un but, dans une orientation positive, convaincue et décidée de l'esprit. Bref, dans la paix de l'âme. »

Thomas Mann

En résumé, lâcher prise

- Permet de nous libérer de ce qui nous empêche d'avancer et de faire le deuil de ce qui est révolu.
- Nous aide à relativiser, à pardonner et à faire taire les sentiments négatifs.
- Nous offre la possibilité d'aller de l'avant, de changer et de nous réaliser pleinement.
- Nous conduit vers plus de bien-être, de plaisir, de sérénité, de sagesse et de bonheur.

C'est à vous !

Illustrez ce qui représente, pour vous, le lâcher-prise : collez des images qui vous apaisent, coloriez un mandala, dessinez votre vision de la sérénité...

Chapitre III

Qu'est-ce qui nous empêche de lâcher prise ?

Beaucoup de raisons nous empêchent de lâcher prise : elles nous enferment dans une vie qui ne nous correspond plus et nous privent de la liberté de nous réaliser. Sans oublier tout ce que nous cherchons vainement à contrôler mais aussi ce que nous acceptons « par principe »…

« La sérénité et l'oubli
vont parfois de pair. »

Allan Gurganus

Ces liens qui nous enchaînent

Nous sommes tous des êtres singuliers, avec une histoire, des habitudes, des croyances, un caractère, une façon de vivre… Notre identité se façonne et évolue tout au long de notre vie, au travers de notre éducation, de nos échecs et de nos réussites, de nos choix, de nos rencontres, des événements.
Mais pour certains d'entre nous, notre vécu ou certaines facettes de notre personnalité ressemblent davantage à des chaînes, qui nous enferment dans « une » vie, nous rattachant à notre passé, conditionnant notre présent et entravant notre futur. Ces « chaînes » peuvent être liées à des événements précis, à des attitudes ou à des émotions négatives, à des croyances, des habitudes ou encore à des comportements dont nous n'arrivons pas à nous défaire.

S'accrocher à son passé

« Hors de question que je passe mes vacances là-bas, je vais tomber sur mon cousin ! »

Mauvais souvenirs, expériences désagréables, coups durs, nous sommes tous passés par des moments difficiles, voire douloureux, comme la perte d'un proche ou une rupture pénible par exemple. Mais, même si ces événements sont révolus, nous n'en avons pas véritablement fait le deuil. Nous les gardons à l'esprit, y repensons ou en reparlons, n'arrivons pas à passer à autre chose et les prenons toujours en compte pour agir.

Lâcher prise, c'est tirer un trait sur ce qui est révolu et cesser d'entretenir, volontairement ou non, ce qui nous a fait ou nous fait souffrir.

Poursuivre des chimères

« Je dois absolument décrocher ce poste ! »

Quel que soit le domaine de notre vie, avoir des objectifs est indispensable pour avancer. Ils sont une source de motivation, de plaisir et de réalisation. Mais certains buts tendent parfois à devenir de véritables obsessions et se doivent d'être atteints, coûte que coûte ! D'où l'importance de garder un certain recul. Il ne s'agit « que » d'objectifs, qui peuvent changer, évoluer et ne plus correspondre, un jour, à nos valeurs, à nos envies ou à la vie que nous menons…

Lâcher prise, c'est reconnaître que nos souhaits puissent évoluer et accepter de les abandonner s'ils n'ont plus lieu d'être.

Le coin du psy

« Quels sont les événements passés dont vous souffrez encore et qui conditionnent votre vie ? »

« À quoi vous attachez-vous, même si cela n'a plus vraiment de sens aujourd'hui ? »

Cultiver les sentiments négatifs

« Je te jure, je vais lui en faire baver ! »

Nous avons tous, un jour, été trahis, rejetés ou déçus par un ami, blessés par des actes ou des paroles, ou encore envié la réussite d'autrui ou culpabilisé parce que nous avons « mal » agi. C'est humain ! Mais, loin de nous contenter de ces émotions pénibles, nous avons plutôt tendance à entretenir colère, jalousie, rancune, amertume ou remord, repassant en boucle les scènes en question, ce qui nous empêche de panser nos blessures…

Lâcher prise, c'est accepter les faits, pardonner à ceux qui nous ont fait souffrir, transformer ses « échecs » en expériences afin de passer à autre chose.

S'attacher à des comportements inadéquats

« De toute façon, j'ai toujours fait ainsi ! »

Bouder au lieu de nous exprimer, accepter une invitation mais y aller à contrecœur, s'énerver à la moindre réflexion… Certains de nos comportements nous mènent la vie dure ! Quel que soit le lieu, la situation ou les gens qui nous entourent, nous avons parfois du mal à modifier ces habitudes, qui pourtant nous pèsent, alimentent des scénarios de vie dont nous ne voulons plus et nous retiennent dans une « époque » révolue.

Lâcher prise, c'est modifier certains comportements, inadaptés ou injustifiés, afin d'aller vers le changement.

Le confort des habitudes

Si les habitudes sont certes confortables, parce qu'elles apaisent d'éventuelles angoisses face à l'inconnu et éloignent les risques de se tromper, de faire fausse route, de prendre une mauvaise décision, elles nous empêchent cependant d'évoluer, de découvrir notre vrai potentiel et de prendre conscience d'autres facettes de notre personnalité.

Suivre ses croyances et pensées automatiques

Parce que nous avons besoin de « justifier » ce en quoi nous croyons, les croyances personnelles et pensées automatiques sont des freins majeurs au lâcher-prise.

• Les croyances personnelles

« Je suis obligée de me battre plus que les autres pour réussir. »

Considérées comme des modèles de conduite, les croyances personnelles nous enferment dans des comportements, des réactions ou un mode de pensée, et nous obligent à suivre des règles souvent subjectives, parfois assez éloignées de la réalité. Propres à chacun, elles nous empêchent de renoncer, simplement pour rester « fidèle » à ce à quoi nous croyons. *« Tout le monde a droit à une seconde chance… »*

• Les pensées automatiques

« Je ne suis bonne à rien… » *« Je vais encore me planter… »*

Plus sournoises, souvent inconscientes, les pensées automatiques sont façonnées par notre éducation. Elles conditionnent l'estime que nous nous portons, alimentent nos peurs, nos doutes ou notre comportement, et déforment notre perception de la réalité. Basées sur la critique, le reproche, souvent erronées, elles sont de véritables chaînes qui nous empêchent de nous révéler tels que nous sommes.

Lâcher prise, c'est apprendre à voir la réalité autrement et faire taire cette « petite voix » qui nous empêche d'être nous-mêmes.

Le coin du psy

« Quelles sont les croyances ou pensées automatiques qui vous empêchent de lâcher prise ? »

____

____

Croyance n° 1 : ______________________________

____

____

Croyance n° 2 : ______________________________

____

____

Croyance n° 3 : ______________________________

____

____

Attendre un signe extérieur

Nous avons souvent tendance non seulement à reporter le moment où nous lâcherons prise, mais également à attendre un « signe » de l'extérieur pour agir.

• Le « bon moment »

« Je serai tranquille quand j'aurai fini de payer mes traites… »

Un autre frein classique au lâcher-prise est de croire que ce qui nous permettra – enfin – de changer, de penser autrement, de prendre une décision, vient forcément de l'extérieur ou des autres. Nous « reportons » alors sans cesse le moment où nous pourrions lâcher prise. Soit parce qu'il est trop tôt (*« Je préfère attendre les vacances. »*), soit parce qu'il est trop tard (*« Je ne vais pas revenir dessus, ça va lui faire à nouveau du mal. »*), soit parce que la situation n'est pas idéale (*« Ça n'est pas vraiment le bon moment pour l'instant… »*), etc.

• Pour tout le bonheur… des autres !

« Je me calmerai quand il cessera de râler pour un rien ! »

Parce que nous voulons prendre soin de notre entourage, « ménager les susceptibilités », être à l'écoute, faire plaisir, aider, nous avons souvent tendance à nous oublier, taisons ce qui pourtant nous soulagerait et « adaptons » notre comportement à celui de l'autre.

Également persuadés que notre propre bonheur passe avant tout par le bonheur de l'autre, nous nous plions en quatre, acceptons les obligations et devoirs en tout genre et faisons passer nos propres désirs après tout le reste. *« Je vais annuler ma soirée pour rester ce soir ! »*

Lâcher prise, c'est ne rien attendre de l'autre ou des événements extérieurs, mais plutôt puiser notre force à l'intérieur de nous-mêmes.

Tu voulais un cygne ? En voilà un. Tu peux prendre une décision maintenant !

Écouter ses peurs…

Derrière notre mode de vie trépidant, qui nous laisse peu de temps pour nous-mêmes, nous nous donnons l'assurance de ne jamais pouvoir vraiment lâcher prise ! Car cet acte volontaire, et souvent salvateur, nous met également face à une seule et même émotion : la peur. Voire les peurs…

- **La peur de ne plus rien contrôler, de « se perdre » ;**
- **la peur de l'inconnu, du changement, de la nouveauté ;**
- **la peur de faire des erreurs, de se tromper, de regretter ou de blesser autrui ;**
- **la peur de s'affirmer, d'exprimer ses émotions, d'aller à l'encontre de ce qui semble tracé ;**
- **la peur d'être abandonné, rejeté, isolé, critiqué…**

Lâcher prise, c'est oser nous exprimer, oser être nous-mêmes et prendre conscience de notre potentiel afin d'être à même de rebondir.

La peur d'être nous-mêmes

Les souvenirs auxquels nous nous rattachons, les projets sur lesquels nous nous focalisons, la foultitude d'activités, d'objets ou de personnes dont nous nous entourons, les contraintes et responsabilités, parfois indispensables mais souvent superflues, qui envahissent notre quotidien viennent en réalité masquer une angoisse plus profonde : celle d'être véritablement nous-mêmes.

C'est à vous !

Plusieurs attitudes sont à l'opposé du lâcher-prise. À vous de les découvrir au travers des verbes qui se cachent sous ces définitions et de faire apparaître le mot mystère, indispensable au lâcher-prise…

1. Je suis un combat et je m'oppose toujours à quelque chose ou à quelqu'un.
2. Même sans danger apparent, comme la peur, j'engendre une certaine inquiétude.
3. Si je peux parfois servir de guide, j'ai plutôt tendance à vouloir mener mon monde à la baguette.
4. Je suis dans le déni et je ne veux jamais ni reconnaître, ni accepter…
5. Quoi qu'il advienne, je fais obstacle et ne cède pas.
6. J'ai pour habitude de bloquer, de freiner quelqu'un ou quelque chose.
7. Si je suis aussi un métier, mon but consiste à toujours porter un jugement sur tout.

1.			T						
2.						D			
3.					G				
4.			F						
5.					S				
6.			T						
7.						Q			

Le mot mystère : laisser

Réponses : 1. Lutter – 2. Craindre – 3. Diriger – 4. Refuser – 5. Résister – 6. Retenir – 7. Critiquer.

Test

Êtes-vous prêt à lâcher prise ?

1. Votre semaine se termine sur une altercation avec un collègue :

▼ Il vous en veut ! Vous préparez vos répliques pour contre-attaquer.

● Ça vous a profondément blessé et vous y repensez tout le week-end…

■ Vous prenez le temps de régler ce différend avant de partir !

2. Un ami vous a fait un sale coup…

● *« Mais qu'est-ce que j'ai fait ? »*

■ *« Il ne faut pas rester là-dessus… »*

▼ *« Il ne me reverra pas de sitôt ! »*

3. Vous adorez…

▼ Parfaire.

■ Aider.

● Réfléchir.

4. Votre devise serait plutôt ?

▼ *« La vie est un combat. »*

■ *« La vie est un challenge. »*

● *« La vie est une école. »*

5. Vous partez pour un week-end en amoureux :

■ Vous faites en sorte de rester joignable.

▼ Vous vérifiez une dernière fois vos réservations.

● Vous vous encombrez de bagages, au cas où…

6. Vous posez une journée de RTT…

● Pour vous détendre.

▼ Pour vous défouler.

■ Pour vous avancer.

7. La journée commence mal et s'annonce particulièrement chargée...

▼ Vous sentez monter la pression et avez déjà les nerfs à vif.

● Vous stressez et vous vous arrêtez sur le moindre détail, paniqué.

■ Vous vous plongez dans votre travail et ne levez pas la tête de vos dossiers.

8. Vous vous êtes coincé le dos et devez rester allongé 24 heures

● *« C'est une catastrophe ! Comment vais-je faire pour le boulot ? »*

▼ *« Hors de question ! »* Vous avalez cachet sur cachet pour tenir le coup.

■ *« Impossible ! J'ai trop de choses à faire et on compte sur moi... »*

9. Quelle phrase vous ressemblerait le plus ?

● « Qu'est-ce que tu en penses ? »

■ « D'accord, je vais essayer... »

▼ « Non ! J'ai prévu autre chose... »

10. Pour vous, le lâcher-prise est...

▼ Une mode !

■ Un luxe !

● Un art !

Résultats page 64

Chapitre IV

Apprendre à lâcher prise

Lâcher prise est un « art » difficile, qui va parfois à l'encontre de notre vie moderne et de notre éducation, mais qui s'apprend ! Cela demande du temps, de la patience, un peu de volonté et de méthode, mais ce qui se trouve à l'autre bout du chemin est (presque) une autre vie !

> « Il n'y a rien de plus facile à dire, ni de plus difficile à faire que de lâcher prise. »
>
> **Santoka**

Les différentes étapes du lâcher-prise

Le lâcher-prise est un peu à l'opposé de notre société moderne, régie par la consommation à outrance, l'avoir et le paraître, ainsi que de notre mode de vie, trépidant et sollicité de toutes parts... Pourtant, apprendre à lâcher prise est indispensable pour avancer, s'épanouir et être véritablement soi-même.

• Le processus du lâcher-prise

Que ce soit pour traverser une épreuve difficile, faire le deuil d'un événement douloureux, régler un problème particulier ou en faire une « philosophie de vie », lâcher prise est avant tout une démarche personnelle, voire spirituelle. C'est un acte conscient, volontaire, parfois difficile, qui suit différentes étapes. Car nous devons avant tout découvrir ce qui nous fait souffrir ou nous retient, l'accepter, savoir quand et sur quoi il est nécessaire de lâcher prise et comment faire pour enfin laisser s'en aller ce qui nous pèse et véritablement nous libérer.

Étape n° 1 : prendre conscience

Lâcher prise commence par une étape indispensable : la prise de conscience. Quelle que soit la situation, c'est en découvrant ce qui nous fait souffrir, ce à quoi nous restons attachés, que ce soit un événement particulier, des pensées, un comportement, ou tout simplement un mal-être diffus, que nous pourrons alors commencer à lâcher prise. Si cette étape n'est pas toujours facile, et peut parfois être douloureuse, elle va néanmoins nous permettre de mettre des mots sur nos maux et nous aider à comprendre qui nous sommes.

Prendre conscience permet :

- **d'identifier un problème :** c'est-à-dire de découvrir, et nommer, ce qui nous fait souffrir, ce qui ne va pas, ce qui n'a plus lieu d'être ou ce qui ne nous convient plus ;
- **de comprendre notre attitude :** c'est-à-dire de prêter attention à nos réactions, savoir pourquoi nous adoptons tel comportement, nous ressentons telle émotion ;
- **de regarder la réalité en face :** c'est-à-dire de prendre les choses telles qu'elles sont, avec le plus d'objectivité possible, sans ignorer, fuir ou refouler notre mal-être.

« Il faut des moments de calme pour observer sa vie ouvertement et honnêtement... Passer ces moments seuls donne à ton esprit l'opportunité de se renouveler et de créer de l'ordre. »

Antoine de Saint-Exupéry

Réfléchir et ressentir

Prendre conscience passe autant par l'esprit et la réflexion (les pensées, les sentiments...) que par le corps (les tensions physiques) ou les émotions (la colère, l'excitation, le désarroi...). Pour cela, il est nécessaire de s'arrêter un instant, de se mettre au calme, afin de percevoir pleinement ce que nous ressentons et de nous écouter.

Étape n° 2 : accepter

La seconde étape sur le chemin du lâcher-prise est l'acceptation. Il s'agit non seulement d'accepter notre « souffrance » et ce sur quoi nous devons lâcher prise, mais également la réalité, ce que nous vivons ainsi que ceux qui nous entourent. Accepter permet cependant de remplacer nos réactions, jusque-là dictées par nos croyances, nos peurs, nos émotions, en actions, c'est-à-dire en actes conscients (réfléchis) et volontaires (choisis).

Accepter, c'est :

- **reconnaître notre part de responsabilité,** c'est-à-dire ne plus nous placer en victime, nous apitoyer sur nous-mêmes ou refouler ce qui nous arrive ;
- **admettre les différences,** c'est-à-dire reconnaître qu'il existe une autre réalité, d'autres façons de penser, d'autres comportements ;
- **recevoir,** c'est-à-dire « accueillir » ce qui nous arrive, sans chercher à résister ou à changer ce qui nous fait du mal, ni en vouloir à ceux qui nous entourent.

Déposer les armes !

L'acceptation n'est pas synonyme de résignation, de défaite ou de consentement. Cela signifie plutôt cesser de se battre contre ce qui n'a plus lieu d'être, de ressasser ce qui nous fait souffrir, d'alimenter ou obéir à des sentiments négatifs, pour remplacer peu à peu la « résistance » par la « souplesse ».

C'est à vous !

Évaluez votre aptitude à lâcher prise (1 pour pas du tout et 10 pour tout à fait).

A J'ai du mal à laisser les autres agir ou décider.

1 2 3 4 5 6 7 8 9 10

B J'ai toujours beaucoup de choses à gérer.

1 2 3 4 5 6 7 8 9 10

C Je suis souvent préoccupé(e).

1 2 3 4 5 6 7 8 9 10

D J'ai tendance à réagir au quart de tour.

1 2 3 4 5 6 7 8 9 10

E Je ne supporte pas l'échec.

1 2 3 4 5 6 7 8 9 10

MA MOYENNE : __ / 10*

* Si vous obtenez entre 6 et 9 sur 10, avant de commencer à véritablement lâcher prise, essayez d'accepter la réalité, les autres, vos émotions, sans aller à l'encontre de ce que vous vivez, céder à l'impulsion ou vous « prendre la tête » !

Étape n° 3 : guérir ses blessures

> « Une chose dont vous vous souviendrez toujours, c'est la fois où vous avez pardonné et oublié. »
>
> **Tristan Bernard**

Une fois que le « diagnostic » est posé, c'est-à-dire que nous avons pris conscience et accepté ce qui nous fait souffrir, nous allons pouvoir nous « soigner » et véritablement lâcher prise. Et il existe de nombreux remèdes, et autres petits rituels, pour aller vers le changement !

• Pardonner

Le pardon fait partie du processus du lâcher-prise. S'il est parfois vécu comme une « épreuve », il reste cependant... une bénédiction ! Pardonner permet de ne plus laisser la colère, l'amertume ou l'envie guider nos actes. Pardonner, c'est non seulement « excuser » l'autre et reconnaître notre part de responsabilité, mais c'est aussi « nous » pardonner : cesser de nous critiquer, de nous en vouloir, de culpabiliser ou encore de nous punir pour tout ce que nous avons, ou n'avons pas, dit, fait, pensé...

Rite n°1 : la lettre de pardon

Écrire permet de poser noir sur blanc ses émotions, de structurer sa pensée et sollicite moins l'ego… surtout lorsqu'il s'agit de pardonner ! Installez-vous au calme et écrivez ce que vous avez sur le cœur. Choisissez vos mots, prenez conscience de leur force ou de leur futilité. Cet exercice, tout simple, vous permettra de mettre en lumière ce que vous ressentez et de chasser de votre esprit tout ce que vous aurez couché sur papier.

C'est à vous !

Que ce soit pour un proche, ou pour vous-même, pour pardonner ou éviter de ressasser, notez ce que vous avez sur le cœur.

Cher(e).........

• Changer ses attentes

Un autre moyen de lâcher prise consiste à modifier nos attentes. Lâcher prise c'est ne plus transférer sur l'autre, ou sur notre vie quotidienne, ce que nous exigeons de nous-mêmes et qui, en réalité, correspond à nos besoins, nos désirs, nos envies, ou encore à des peurs ou des émotions que nous n'arrivons pas à gérer. Mais c'est aussi ne plus laisser les attentes des autres guider notre vie…

• Faire le deuil de ce qui est révolu

Pour lâcher prise, il faut également chasser les « démons du passé », abandonner ce sur quoi nous n'avons pas prise et laisser s'en aller ce qui n'a plus lieu d'être. Pour avancer, et nous révéler, nous devons nous débarrasser de ce qui appartient au passé mais nous fait toujours souffrir, et accepter ce que nous ne pouvons pas changer, afin d'être à même de passer à autre chose.

Rite n° 2 : le rite de séparation

L'aspect symbolique des rituels a beaucoup d'importance ! Les rites permettent de marquer un passage ou de vivre pleinement une transformation. Si vous avez du mal à lâcher prise, organisez votre propre cérémonie : allez « enterrer » un objet attaché à une situation révolue, « jetez » des petits galets ou « laissez s'envoler » des ballons sur lesquels vous aurez noté ce qui vous pèse…

C'est à vous !

Inscrivez ce dont vous ne voulez plus sur ces petits bouts de papier, chiffonnez-les et jetez-les en prenant pleinement conscience de cet acte…

• En finir avec les croyances et pensées invalidantes

Si les « conseils » et règles de bonne conduite que nous avons reçus lors de notre enfance font partie de notre éducation, il est parfois indispensable d'abandonner certaines croyances, qui nous enferment et nous empêchent de vivre la vie dont nous avons envie. Lâcher prise, c'est modifier nos croyances en osant agir autrement et en nous accordant le droit d'être nous-mêmes.

Regardez autrement

C'est notre inconscient, au travers de nos pensées, qui dirige notre vie, notre humeur, notre santé, et qui façonne « notre » réalité ! Nous pouvons donc modifier nos pensées et changer notre façon de prendre la vie, afin de lâcher prise plus facilement.

- Cultivez l'optimisme : essayez de trouver un côté positif en toute chose et optez pour le verre à moitié plein !
- Changez de langage : préférez les tournures positives et affirmatives, au présent de l'indicatif et qui vous implique directement.
- Affirmez vos envies : focalisez-vous sur ce que vous voulez plutôt que sur ce que vous ne voulez pas et allez à l'essentiel.

Rite n°3 : la visualisation positive

La visualisation positive est une technique courante, utilisée entre autres en sophrologie, en coaching ou encore en yoga. Elle consiste à créer mentalement des images, positives, apaisantes ou stimulantes, que l'inconscient considérera comme vraies. Vous pouvez également associer à ces images une petite phrase, que vous vous répéterez à chaque fois que vous en éprouverez le besoin (« C'est tout simple », « Je me sens bien », « Je suis capable »...).

C'est à vous !

1. Installez-vous au calme et assurez-vous de ne pas être dérangé.
2. Respirez profondément et détendez-vous.
3. Une fois que vous êtes parfaitement détendu, commencez à « mettre en scène » ce sur quoi vous souhaitez lâcher prise ou ce que vous obtiendrez en lâchant prise. Par exemple, imaginez-vous en train de pardonner à un ami, de vous débarrasser symboliquement de ce qui vous pèse, ou d'atteindre un objectif que vous pensez impossible...
4. Associez une petite phrase aux images qui défilent et répétez-la mentalement plusieurs fois.
5. Sortez peu à peu de cet état de « visualisation » et regardez désormais la réalité autrement !

Ma phrase n°1 : ____________________

Ma phrase n°2 : ____________________

Ma phrase n°3 : ____________________

Étape n° 4 : faire confiance

Lâcher prise implique également de faire confiance : aux autres, à la vie en général, mais aussi à nous-mêmes.

- **Se faire confiance,** c'est s'estimer, se respecter, s'affirmer, prendre sa vie en mains et ne plus culpabiliser, avoir des remords ou se sentir « démuni » face à ce que nous vivons.
- **Faire confiance à l'autre,** c'est l'autoriser à être lui-même, à faire ses propres choix, le soutenir, l'encourager et, par là même, enrichir les échanges que nous avons.
- **Faire confiance à la vie,** c'est s'ouvrir au monde, accueillir ce que nous vivons avec davantage de sérénité, sans laisser le quotidien remettre en cause notre bien-être.

« La sérénité, c'est l'absence de doute. »

Jean-Michel Wyl

Étape n° 5 : agir

Si le lâcher-prise est synonyme de calme et de sérénité, il est également synonyme d'action ! La dernière étape, sur le chemin du lâcher-prise, consiste donc à donner forme à cette liberté retrouvée en agissant : décider, revoir ses priorités, définir de nouveaux objectifs, aller vers ce qui nous porte, ne plus laisser le superflu masquer l'essentiel…

L'énergie positive

Lâcher prise, c'est aussi retrouver dynamisme et entrain ! En effet, l'énergie déployée pour se battre contre des moulins à vent ou atteindre des objectifs sans réelle importance va pouvoir désormais être utilisée à des fins plus utiles. Sans oublier le temps que nous allons gagner, et que nous consacrions, avant, à ruminer, critiquer ou nous obstiner…

C'est à vous !

Reliez les points ci-dessous et découvrez ce que vous gagnerez en lâchant prise…

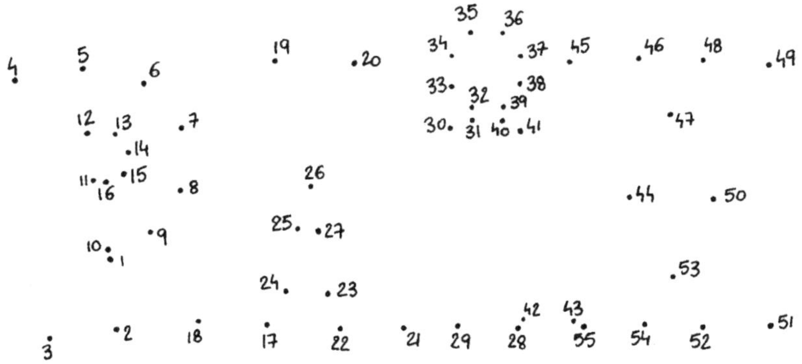

Chapitre V

Passez à l'action !

Prendre le temps de se ressourcer, relativiser, simplifier son quotidien, éviter les sources de stress supplémentaires… il existe plein de petites astuces pour apprendre à lâcher prise au quotidien, en famille ou au bureau, retrouver calme et sérénité et profiter pleinement de la vie.

« Lâcher prise réserve souvent de très belles surprises. »

Daniel Desbiens

Soyez ici et maintenant

Vivre l'instant présent, que ce soit au quotidien, au bureau, en famille, est une des clés essentielles pour lâcher prise. Cessez de vous préoccuper de ce qui est passé ou de ce qui n'est pas encore arrivé, de ce que vous auriez dû faire, pu répondre, de ce que vous avez raté ou encore de ce que vous devez régler, planifier, organiser… Savourez le moment présent et profitez pleinement de chaque instant.

Pour vivre l'instant présent

- Concentrez-vous sur ce que vous êtes en train de faire et ne laissez pas votre esprit vagabonder.
- Sentez, regardez, écoutez... Attardez-vous sur les messages que vous envoient vos sens.
- Portez votre attention sur votre respiration. Sentez l'air gonfler vos poumons puis s'en aller, en emportant avec lui toutes les pensées inutiles, les soucis, les émotions négatives...
- Faites de cette citation de Johann von Goethe votre mantra : « Rien n'a plus de valeur qu'aujourd'hui. »

Ne cherchez pas la perfection

Contretemps, coups de stress, coups durs, essayez de prendre du recul et de relativiser. Tout, y compris vous-même, ne peut pas être parfait ou comme vous le souhaitez… La perfection est source de frustration et d'insatisfaction. Faites bien, du mieux possible, concentrez-vous sur l'essentiel et pensez également en terme de « plaisir ». De même, ne vous focalisez pas sur ce qui ne va pas, relativisez et ne devenez pas vos échecs. Considérez-les comme une expérience, qui peut même s'avérer enrichissante. Il y a toujours un message riche de sens derrière les épreuves que nous traversons.

Respirez !

Source de vie, la respiration berce notre quotidien sans que nous y prêtions attention. Pourtant, elle nous permet de dénouer les tensions, de réduire le stress, de nous ancrer dans le présent et de recentrer notre attention sur nous-mêmes et le moment présent. Elle est aussi une étape indispensable à la relaxation et à la méditation… Accordez-vous au moins 3 pauses de 5 minutes, tous les jours, pour vous oxygéner le corps et l'esprit !

La respiration consciente

1. Inspirez profondément par le nez, en commençant par le ventre et sentez l'air gonfler vos poumons.
2. Continuez avec la partie supérieure de votre cage thoracique, juste sous les clavicules.
3. Marquez une courte pause, en pensant uniquement à l'air que vous venez d'inspirer.
4. Puis, expirez lentement, par le nez ou par la bouche, en vidant le haut de vos poumons, puis le milieu de la cage thoracique, et enfin le bas, au niveau du ventre. Profitez-en pour libérer votre esprit de toutes les pensées qui l'encombrent en même temps que vous expirez.
5. Concentrez-vous sur ce mouvement, marquez une courte pause et recommencez trois fois de suite.

Ressourcez-vous…

Se ressourcer, c'est revenir à ses racines, se retrouver. Cela passe obligatoirement par des moments de calme, de bien-être et de plaisir, loin des contraintes et de l'agitation du quotidien. Programmez de temps en temps une journée « off ». Coupez votre portable, oubliez l'ordinateur, éteignez la télé et évadez-vous. Allez marcher quelques heures en pleine nature, consacrez-vous à une activité qui vous passionne ou installez-vous au calme et redécouvrez les vertus du silence.

Respectez votre corps

Le lâcher-prise passe aussi par le corps. Respecter ses rythmes biologiques, manger sainement, se reposer, mais aussi se faire plaisir libère l'esprit et réduit les tensions physiques accumulées. Apprenez à écouter votre corps et à déchiffrer, au travers de ses maux, les messages qu'il vous envoie. Vertiges, malaises, tensions musculaires, mal de tête… il est temps de lâcher prise et de vous occuper de vous !

Mes prochains rendez-vous « bien-être »

Date	Heure	Objet
______	____ h ____	______
______	____ h ____	______
______	____ h ____	______
______	____ h ____	______
______	____ h ____	______

Prenez soin de vous

• **Apaisez votre esprit :** offrez-vous une pause relaxation ou méditation, une séance de massage, de réflexologie ou encore de yoga, de taï-chi ou de qi gong, qui libèrent des tensions nerveuses, physiques ou mentales, au travers du corps.

• **Aimez-vous :** mettez en valeur ce que vous appréciez chez vous, trouvez votre style et cessez de vous focaliser sur ce qui vous complexe. Vous êtes une personne à part entière et non un « défaut »... que vous êtes le ou la seul(e) à remarquer !

• **Faites la sieste :** apprenez à vous reposer quand vous en ressentez le besoin et redécouvrez les bienfaits de la sieste... Elle n'est pas l'apanage des vacances et, pour qui possède un peu de pratique, 20 petites minutes suffisent pour recharger ses batteries !

Lâchez prise au bureau

• N'attendez pas

Vous ne pouvez pas être responsable de tout ! Et encore moins gérer ce qui ne dépend pas de vous, nécessite l'aval d'un service ou d'un responsable, ou émane de l'extérieur. Ne vous arrêtez pas sur ce que vous attendez, alertez et passez à autre chose.

• Faites des pauses

Levez le nez de temps en temps et « débranchez-vous » régulièrement quelques minutes : invitez un collègue à prendre un café, buvez un grand verre d'eau, allez vous laver les mains et les avant-bras (très efficace pour évacuer les tensions), faites quelques respirations…

• Évitez les sources de stress supplémentaires

Même si tout se bouscule, évitez de vous laisser submerger. Prenez le temps de ranger vos dossiers, chassez les Post-it stressants, comme « À faire », « Urgent », « Important », terminez votre en-cours et désencombrez votre esprit comme votre bureau !

ARRÊTER DE PROCRASTINER

- Ce qui est fait n'est plus à faire !
- C'est important : j'agis tout de suite !
- C'est accessoire : je n'y pense plus !

Pensez « efficacité »

Qu'est-ce qui est important : l'objectif ou le chemin à prendre pour l'atteindre ? Ne vous focalisez pas sur tout ce qui vous pose problème, mais pensez plutôt en termes de priorités, d'importance et de résultat final. Ne vous éparpillez pas, transformez chaque tâche en petits objectifs, restez concentré et ne passez à l'étape suivante que lorsque la précédente est bouclée.

Inventez-vous un bouton « Stop »

Si vous sentez monter la pression, un coup de blues ou des idées noires, ou si vous avez tout simplement envie de lâcher prise, dites « Stop » ! Ramenez votre esprit sur quelque chose qui vous apaise, répétez-vous mentalement une petite phrase qui boostera votre moral et actionnez votre petit bouton « Stop », un petit geste discret que vous aurez programmé au préalable, et que vous reproduirez dès que vous en éprouverez le besoin.

Désencombrez votre vie !

Épurer, nettoyer, trier, ranger est aussi efficace pour son cadre de vie que pour son esprit ! Débarrassez-vous de tout ce qui vous encombre : les objets liés à des événements révolus ou douloureux, les souvenirs attachés à certaines personnes ou à des moments de votre vie. Et coupez les ponts avec ces personnalités dites « toxiques », qui vous prennent votre temps, votre énergie, voire votre personnalité !

C'est à vous !

Lâchez-vous ! Cet espace est pour vous : gribouillez-y ce que vous voulez !

Défoulez-vous !

Marchez, courez, sautez, faites le ménage en musique, chantez, pleurez, riez… Bref, défoulez-vous ! Qu'il s'agisse des larmes ou du chant, qui permettent de faire sortir des émotions, du rire ou encore d'une activité physique, qui favorise la production d'hormones qui génèrent bonne humeur et plaisir, stimulent l'esprit et réduisent le stress, trouvez votre propre « soupape » pour faire sortir la pression, vous détendre et lâcher prise !

Lâchez prise vis-à-vis des autres

• Encouragez, félicitez, remerciez...

Offrez votre aide, faites des compliments, souriez et soyez à l'écoute de ceux qui vous entourent. Préférez les encouragements, plutôt que la critique, épaulez vos proches au lieu de chercher à les porter et pensez à leur dire merci !

• Déléguez

Vous ne pouvez pas tout faire, ni tout contrôler.
Apprenez à déléguer ce qui peut l'être et faites confiance ! Passez le relais sur certaines tâches, responsabilisez vos proches, voire transformez certaines corvées en moments ludiques !

• Cultivez vos sentiments

Prenez le temps de vous retrouver avec votre conjoint ou avec vos proches. Confiez de temps en temps les enfants pour vous offrir une escapade à deux, instaurez des rendez-vous réguliers avec vos amis et préservez vos instants de complicité ou d'intimité...

FERMER LES YEUX

- J'oublie petits défauts, vieilles manies et autres habitudes.
- Je ne m'arrête plus sur ce qui me contrarie.
- Je me concentre et profite surtout de ce qui me fait plaisir.

Cessez de ruminer !

Cessez de chercher midi à quatorze heures, de vous torturer pour un oui ou pour un non et de vous laisser envahir par la moindre préoccupation ! Arrêtez de vous prendre la tête ! Si vous avez l'impression que « tout va mal », focalisez plutôt votre attention sur les petits bonheurs du quotidien. Cherchez bien, il y en a forcément !

Notez vos émotions

Notez ce que vous pensez, ce que vous ressentez, ce que vous auriez aimé répondre, ce que vous désirez, afin de ne pas vous laisser envahir par un flot de pensées. Si quelque chose vous chagrine, un événement, une réflexion, l'attitude maladroite d'un proche, faites des lignes d'écriture, jusqu'à ce que vous en soyez persuadé(e) et que vous retrouviez la paix intérieure : *« Je me fiche de ce qu'il pense, je me fiche de ce qu'il pense… »*

Le coin du psy

« Notez ce qui vous chagrine, ce que vous ressentez, ce qui vous permettrait de chasser des sentiments négatifs… »

Je ____________________

Je ____________________

Je ____________________

Je ____________________

Je ____________________

Je ____________________

Exprimez-vous !

Osez dire ce que vous pensez, ce que vous ressentez, ce dont vous avez envie ou besoin, et apprenez à dire non ! Parler, échanger, refuser, ou accepter à bon escient, permet de désamorcer les conflits, de poser ses limites, afin de ne plus se laisser inutilement envahir, d'éviter de cultiver remords ou regrets et d'alléger notre quotidien comme notre esprit.

C'est à vous !

Parmi toutes ces « excuses » pour ne pas s'abandonner à la sérénité et retrouver le calme intérieur, entourez celle qui, en réalité, est l'unique obstacle au lâcher-prise ?

La santé — L'hiver — Mon mariage — Mes responsabilités

Mon boss — Les enfants — Ma séparation — Mon confort

Le déménagement — Le matin — La crise — L'altruisme

Moi — L'inconnu — Belle-maman — Ma meilleure amie

Ma boîte — Le stress — Le compte en banque

Réponse : Moi

Après…

Fichue crise ! La grande entreprise dans laquelle travaillait Andréa depuis 10 ans partait en province. Si elle adorait son poste, ses collègues et sa boîte, elle refusait de quitter la vie qu'elle avait construite. Un vrai coup dur ! C'était comme si dix années de sa vie, parmi les plus importantes, s'envolaient avec cet emploi : professionnellement stable, elle s'était mariée, avait donné naissance à une petite fille et s'était lancée, avec son mari, dans l'achat de leur maison.

Passé la colère, face à ce qu'elle trouvait véritablement injuste, puis les regrets d'avoir perdu ce qu'elle avait acquis, craignant de ne pas retrouver un poste intéressant, Andréa décida de se donner un peu de temps et de prendre du recul. Il fallait désormais qu'elle repense sa vie autrement et qu'elle passe à autre chose… *« De toute façon, je n'y peux rien ! C'est peut-être l'occasion de tourner une page. Je pourrais chercher un poste plus proche de la maison. Même si c'est moins intéressant, et moins avantageux, je n'aurais plus tous ces kilomètres à faire et j'aurais davantage de temps pour moi et ma famille. »*

Aujourd'hui, Andréa occupe à nouveau un poste de secrétaire… mais dans un cabinet paramédical, à 10 minutes de chez elle ! Certes, elle n'a ni CE, ni primes, mais elle a du temps et a presque changé de vie ! Elle va chercher sa fille à l'école tous les jours et, ayant toujours adoré les langues étrangères, elle donne également des cours de soutien en anglais et en italien.

Alors, cette journée ?
Super ! Le petit Edouard a fait d'énormes progrès en anglais !

Résultats du test « Êtes-vous prêt à lâcher prise ? »

Vous avez une majorité de ▼:
Cessez de vouloir tout contrôler…

Perfectionniste, vous avez du mal à supporter les imprévus et réagissez au quart de tour si quelque chose, ou quelqu'un, vient contrarier vos habitudes, vos projets ou vos valeurs. La vie n'est pas un combat perpétuel et le monde n'est pas ligué contre vous ! Lâchez prise sur vos exigences, laissez davantage faire et acceptez la réalité et les autres comme ils sont. Vous serez plus détendu, plus ouvert, plus réceptif, et vous découvrirez également des facettes insoupçonnées du quotidien…

Vous avez une majorité de ● :
Cessez de vous poser des questions !

Posé et réfléchi, vous avez surtout tendance à douter de tout et en particulier de vous-même ! Malgré votre calme apparent, vos méninges sont en ébullition ! Vous passez votre temps à repenser à tout ce que vous auriez dû faire, pu dire, dû choisir ou encore quoi faire, quelle décision prendre… Stop ! Les choses ne sont pas aussi graves que vous semblez le croire ! Mettez votre esprit au repos et apprenez à vivre au présent… Faites-vous confiance, osez et prenez la vie avec plus de légèreté.

Vous avez une majorité de ■ :
Prenez davantage le temps de vivre !

Altruiste, le quotidien, pour vous, est une succession de devoirs, d'obligations, de contraintes, avec lesquels vous devez composer. Sans oublier les envies et besoins des uns et des autres, que vous essayez le plus souvent de satisfaire. La vie n'est pas toujours une course contre la montre ! Vous avez également le droit de vous faire plaisir ! Apprenez à déléguer, à gérer vos priorités et prenez du temps pour vous, afin de profiter de la vie et savourer les moments partagés avec vos proches.

Mémo

Découpez et conservez ces fiches dans votre agenda !

N'oubliez pas !

Lâcher prise ne veut pas dire renoncer, capituler ou acquiescer. Lâcher prise, c'est :

- se libérer : en abandonnant ce qui n'a plus lieu d'être ;
- s'ouvrir au monde : en cessant de vouloir tout contrôler ;
- aller vers le changement : en passant à autre chose ;
- être plus heureux : en allant vers davantage de sérénité.

Les 5 étapes du lâcher-prise :

- prendre conscience : en identifiant un problème et en regardant les choses en face ;
- accepter : en reconnaissant sa part de responsabilité et en admettant les différences ;
- guérir : en pardonnant, en changeant ses attentes et en faisant le deuil de ce qui est révolu ;
- faire confiance : en croyant en soi-même, en l'autre et en la vie en général ;
- agir : en choisissant, en revoyant ses priorités et en définissant de nouveaux objectifs.

Pour lâcher prise au quotidien

- Soyez ici et maintenant
- Ne cherchez pas la perfection et relativisez
- Apprenez à respirer
- Ressourcez-vous
- Respectez votre corps et prenez soin de vous
- Inventez-vous un bouton « Stop »
- Désencombrez votre vie
- Défoulez-vous
- Posez vos émotions noir sur blanc
- Exprimez-vous

EDITIONS ESI

60, rue Vitruve 75020 Paris
Imprimé en Espagne à Madrid par GRÁFICAS JOMAGAR, SL
Dépôt légal : avril 2011 - Achevé d'imprimer : mars 2011
ISBN : 978-2-35355-630-4
N° Sofédis : S457308